LA BATAILLE DE FONTENOY,

OU

L'APOTHEOSE MODERNE,

OPERA-TRAGÉDIE.

EN TROIS ACTES.

Traduite du Grec par un Ciclopédiste.

D^{III} N.° 3232.

A CHAMBORD.

M. DCC. LXVIII.

(1)

ÉPITRE DÉDICATOIRE

AUX MANES DE MAURICE,

Maréchal Comte de Saxe.

MANES AUGUSTES,

Vos actions ont parlé, & elles font plus éloquentes que le fuffrage des Panégyriftes ; mais vous ne devez pas être infenfibles à la voix de la reconnoiffance qui vous offre des fleurs fimples & naturelles. C'eft ce fentiment qui m'a invité à célébrer votre immortalité. J'avois deffein de vous adreffer mon ouvrage dans l'Empirée, où je fuppofe que vous avez été élevé avec Alexandre, Céfar, Titus, Trajan, Marc-Aurele, Antonin, Bélifaire & une foule de gens de bonne compagnie dont on nous vante fans ceffe les hauts faits ; mais l'on m'affure que vous n'y êtes que par métaphore, & qu'on a dû vous affigner une autre demeure moins commode. Si par malheur, c'étoit le Tartare, je n'oferois vous y envoyer mon Drame. J'aurois peur qu'il ne fût, en arrivant, confumé par les flammes. Et c'eft un trait défobli-

A ij

geant pour un *Auteur*. Dans cette perplexité j'ai crû devoir rendre public l'hommage que je vous rends, perſuadé qu'en quelque lieu que vous puiſſiez être, il s'y rendra quelqu'un qui ſe verra à portée de vous le lire ou de vous en parler. Il ne m'appartient pas de décider quelle place vous occupez dans l'autre monde, mais je ſçai que vous en avez rempli une très importante dans celui-ci, où vous êtes reſpecté & regretté. J'ignore ſi vous avez fait le rôle d'un parfait chrétien; mais l'on convient univerſellement que vous y avez ſoutenu celui d'un parfait *Général*. C'eſt à ce titre qu'en bon citoyen je ſuis reſpectueux ſerviteur de vos cendres, & je deſire, pour le bien de ma patrie, qu'à l'exemple du *Phénix*, il en puiſſe renaître un héros qui vous ſoit comparable.

AVANT-PROPOS.

LES événemens relatifs à la gloire de la Nation, ont droit d'intéresser tous les cœurs François : c'est ce sentiment qui a favorisé le succès brillant du Siége de Calais, & de la Partie de chasse d'Henri IV. Dans les choses de goût nous aimons le nouveau, mais en matiere de faits nous préférons l'ancien. Cependant la Bataille de Fontenoy est une des plus éclatantes anecdotes de la Monarchie, & quoique nous soyons rarement sensibles au bonheur présent, & à la gloire de ceux qui nous le procurent, il est impossible de refuser son admiration & sa reconnoissance aux héros qui ont présidé à cette expédition glorieuse. Elle a retenti dans tout l'univers, & les noms de LOUIS & de MAURICE, ont acquis une célébrité qui leur assure l'immortalité. La victoire mémorable remportée par les François, a été connue & fêtée par tous les peuples du monde, comme l'opération du héroïsme ; le bruit de ce triomphe s'est répandu dans la Grèce comme par tout ailleurs, & les Poëtes de cette Nation l'ont envisagé comme un sujet digne d'exercer la facilité de leurs talens. Il est vrai que le Grec qu'on parle actuellement dans ces climats, ne ressemble pas plus à la langue qu'on parloit à Athènes, que notre moderne François ne ressemble à celui qu'on parloit du tems de Charles-Martel ; mais

A iij

les Nationaux ont, du moins confervé l'aifance du génie, & un goût décidé pour tout genre de poëfie. Il y a cependant lieu de croire que la Langue actuelle des Grecs, n'eft pas plus fufceptible que la nôtre de former une riche profodie. Ce qui peut le faire foupçonner, c'eft qu'aucun Muficien du pays n'a entrepris de réchauffer par les fons de fon art, le Poëme dont il s'agit. Nos Muficiens François font plus habiles, & fe montreront fans-doute plus hardis : on les y invite s'ils n'ont rien à faire ; mais on doit leur obferver que le fujet étant François, la Mufique doit l'être également.

Après d'exactes recherches, j'ai découvert que mon texte avoit été compofé en 1746, dans l'Ifle de Chio, par un nommé Conftantin Italiphile, Grec de naiffance, & Scythe d'origine. Il ne voulut pas fe faire connoître pour l'auteur de l'ouvrage, mais il eut la facilité de le prêter à un Juif qui en tira fécretement une copie, dont il fit préfent à un Vénitien. Ce dernier l'a donnée à un Génois, qui l'a donnée à un Provençal, qui l'a donnée à un Lyonnois, qui l'a donnée à un Limoufin, qui me l'a enfin donnée. J'ai ofé, affifté d'un Interpréte, en rifquer la traduction, & la foumettre à l'examen du Public, pour faire voir qu'on fait en Gréce, d'auffi mauvais Opera qu'en France, & que les gens du pays, quoique Grecs, ne le font pas plus que nous dans l'art du Poëme lyrique. Je prévois que mon travail va être expofé au déchaînement de la critique ; mais il faut prendre fon parti à cet égard : l'amour-propre fe venge en attaquant les productions d'autrui, & tout le monde s'en mêle. La bêtife juge, l'ignorance prononce, le préjugé parle, la fatuité décide ; il n'y a fouvent que le goût & l'efprit qui fe taifent. Ce qu'il y a de fâcheux, c'eft que les orages font communément excités par des gens qui n'ont jamais rien produit, & qui font incapables de produire. Eh bien donc ! que ces Docteurs plats & orgueilleux faffent à leur tour éclore leurs productions, l'on verra fi nous ne leur rendrons pas avec ufure, ce qu'ils nous ont fi légérement & fi libéralement prêté ! Je me fuis livré au plaifir de chanter mon Roi & un grand Général ; ma bonne intention & la grandeur du fujet, méritent qu'on faffe grace à l'exécution.

PERSONNAGES

DU PROLOGUE.

HUGUES CAPET, Roi des Français.

LE GÉNIE de la France.

ARNOULD, Comte de Flandres.

GUILLAUME, Duc d'Aquitaine.

MINERVE.

UN GRAND-PRESTRE.

CHŒUR de Peuple & de Guerriers Français.

PROLOGUE.

SCENE PREMIERE.

Le Théâtre repréfente le Champ de Mars & des tentes dans l'éloignement.

HUGUES, LE GÉNIE *tenant un Lys à la main.*

LE GÉNIE.

De l'Empire des Lys relevez la fplendeur.
Charles* dans fa Maifon la crut éternifée,
Mais fous fa defcendance elle s'eft éclipfée :
Le Français confterné gémit dans la langueur,
Et ne fe fouvient plus de fa gloire paffée.

HUGUES.

A fon funefte accablement
Ne croyez pas que je fois infenfible :
Éclairez-moi fur le moment ;

---

* Charlemagne.

Pour changer le gouvernement
Ma prudence & mon bras tenteront l'impoſſible.

LE GÉNIE.

La vaine ambition aiguiſe contre vous
    Les traits d'une haine effrénée ;
    Mon art ſaura la tenir enchaînée :
    Déclarez-vous , diviſez les jaloux
    Pour les accabler ſous vos coups.

HUGUES.

    Le Peuple en proie à la miſere
    Ne demande qu'à ſe ſouſtraire,
    A de ſubalternes tyrans
    Dont l'autorité mercenaire
    S'exerce à déchirer ſes flancs,
Et rend le Citoyen eſclave ou tributaire.

LE GÉNIE.

    Le Français pour vivre heureux
    Ne déſire qu'un ſeul Maître ;
    Vous êtes digne de l'être
    Comblez de ſi juſtes vœux ;
    Le Français pour vivre heureux
    Ne déſire qu'un ſeul Maître.

HUGUES.

    A dompter d'orgueilleux rivaux
    Je dois préparer mon courage ;
Au Souverain lui-même ils refuſent l'homage ;

Et veulent s'affranchir du titre de Vaſſaux,
Au mépris du ferment dont la foi les engage.

LE GÉNIE.

Vous devez, malgré le danger
Sauver la France & la venger.
La Nation voit avec peine
Que ſous le joug d'un étranger
CHARLES* a remis ſon Domaine.
Nous croirions avilir l'Etat
En couronnant l'auteur d'un ſi bas attentat.

HUGUES.

Guidé par votre heureux génie,
Je n'ai plus rien à redouter :
J'entends à regret ma patrie,
Dont la voix plaintive me crie,
Que mon zèle doit éclater :
Mon devoir eſt de l'écouter
Aux dépens de ma propre vie.

LE GÉNIE.

Vos ancêtres, par leur valeur,
Furent l'appui de la Couronne,
Et LOUIS pour ſon ſucceſſeur
A déſigné votre perſonne :
Le digne emploi de vos vertus
Et l'éclat de votre naiſſance,
Méritent que par préférence
Nos homages vous ſoient rendus.

---

* Charles de Lorraine.

HUGUES.

Tracez mes pas dans la carière,
Je céde à vos fages avis,
Et je franchirai la barière
Que m'oppofent mes ennemis.

LE GÉNIE.

Je les vois déja qui s'avancent
Les yeux animés de couroux :
Mais c'eft vainement qu'ils s'offenfent
Des vœux que nous formons pour vous.

SCENE II.

HUGUES, LE GÉNIE, ARNOULD, GUILLAUME.

ARNOULD.

L'on fait que votre orgueil afpire
A nous affervir fous vos loix,
Mais le Prince Lorain eft du fang de nos Rois;
Il eft né notre Maître, il faudroit vous élire,
Et l'on doit foutenir les droits
Du dernier héritier de cet augufte Empire.
L'Allemagne en couroux fe déclare pour lui,
Et vos pairs en ces lieux lui prêtent leur appui.

HUGUES.

Pour les cœurs français c'eft un crime

Que de s'être foumis à d'étrangères loix :
Mon pouvoir fera légitime
Si le Peuple affemblé m'honore de fon choix ;
La vocation unanime
Eft le premier titre des Rois.

GUILLAUME.

Si le thrône a pour vous des charmes
Pour en jouir fubjuguez vos égaux ;
N'efpérez pas que vos rivaux
Soient difpofés à vous rendre les armes ;
L'éclat de vos projets nouveaux
A déja dans leur camp excité des allarmes.

HUGUES.

Les Soldats affemblés doivent au champ de Mars
Etre juges de nos querelles.
Paris où l'amour fait flotter mes étendards
S'armera contre les rebelles,
Et des affauts fréquens je fuivrai les hafards
A la tête de mes fideles.

ARNOULD.

Ce font de funeftes moyens
Pour fatisfaire fa vengeance,
Que de cimenter fa puiffance
Avec le fang des Citoyens.

GUILLAUME.

La route la moins fanguinaire
Seroit, fans doute, à préférer ;

Mais fi la force eſt néceſſaire
Nous ſaurons nous y préparer.

LE GÉNIE.

La ſimple humanité qui doit guider votre ame
Exige un ſentiment plus doux ,
Et l'intelligence entre vous
Eſt le premier bienfait que la France réclame.

HUGUES, ARNOULD, GUILLAUME,
LE GÉNIE.

Le devoir des Grands & des Rois
Eſt de défendre la patrie :
Confirmons par un heureux choix
Le pacte ſacré qui nous lie ;
Et rappellons d'une commune voix
La ſplendeur de la Monarchie.

LE GÉNIE.

Le Peuple & les Soldats ſe rendent en ces lieux,
Pour ſe ſoumettre aux Loix d'un Prince glorieux,

SCENE III.

LES PRÉCÉDENS, LES GUERRIERS, LE GRAND-PRESTRE, LE PEUPLE.

CHŒUR.

Pour la patrie on doit faire paraître
Un amour auffi pur qu'ardent.
L'on eft heureux fous un feul Maître,
Et l'on gémit fous l'empire d'un cent.

LE GRAND-PRESTRE.

Les Souverains font l'image
Qui repréfente les Dieux :
La fageffe & le courage
Doivent obtenir vos vœux ;
Que votre libre fuffrage
Soit pour le plus vertueux.

HUGUES.

Français, vous connoiffez mon zèle & ma naiffance ;
Si de vous commander je recherche l'honneur,
C'eft pour faire régner la paix & l'abondance,
Et pour répandre le bonheur
Sur les Peuples foumis au pouvoir de la France.
Déja vos ennemis ont fenti ma valeur :
L'audacieufe tyrannie

Exerce un pouvoir odieux :
Victime de la barbarie
Le Peuple gémit en tous lieux ;
Mon bras veut étouffer ce feu féditieux.

ARNOULD.

CHARLES refpire encor ; ce Prince redoutable
Eft plus malheureux que coupable.
Il eft le rejetton de ces braves guerriers
Dont nos ayeux ont vu le front ceint de lauriers.

GUILLAUME.

Ce Royaume puiffant doit vous offrir encore
Des fujets dignes d'être élus ;
Nos camps & nos Cités ont vu par-tout éclore
L'exemple & l'amour des vertus.

LE GRAND-PRESTRE.

Peuple Français, vous vous rendez comptable
D'un fi grand choix, aux Immortels :
Confultez-vous, jurez fur ces autels
De couronner le plus capable.

CHŒUR.

Un Français ne peut défirer
Que la grandeur de cet Empire ;
Daignez, grands Dieux ! nous éclairer :
C'eft à vous feuls à nous inftruire.

LE

LE GÉNIE.

Mais, quels concerts mélodieux !
C'eſt la voix de l'Etre ſuprême :

(Minerve deſcend dans un Char tenant une couronne.)

Minerve deſcend dans ces lieux ;
Elle apporte le Diadême,
Et veut le poſer elle-même
Sur le front le plus radieux.

SCENE IV.

LES PRÉCÉDENS, MINERVE.

MINERVE.

Vous déſirez un Maître & le Ciel s'intéreſſe
Au ſuccès de l'événement ;
C'eſt ſous les yeux de la ſageſſe
Que doit ſe conſommer un ſi grand changement.
Par ſes talens Hugues s'eſt montré digne
De captiver votre fidélité,
Il vous chérit, l'Olympe le déſigne,
Pour aſſurer votre félicité.

CHŒUR.

La voix des Dieux d'accord avec la nôtre,
Ne permet plus de voter pour un autre.

B

MINERVE.

A ce Prince foyez foumis ,
Promettez-le fur vos épées ,
Et couronnez auffi fon fils
Pour voir les brigues diffipées.
Un choix auffi judicieux
Doit faire ceffer vos allarmes ;
S'il refte encor des envieux
Qu'ils foient écrafés par vos armes.

LE GRAND-PRESTRE.

Eft-il permis de balancer
A l'inftant où le Ciel prononce ?
Les Dieux pour un Héros daignent s'intéreffer :
Obéir eft notre réponfe.
Jurez-lui d'obferver toujours
La plus fidelle obéiffance ,
Et de facrifier vos jours
Pour augmenter encor fa gloire & fa puiffance.

CHŒUR.

Nous jurons d'obferver toujours
La plus fidelle obéiffance ,
Et de facrifier nos jours
Pour augmenter encor fa gloire & fa puiffance.

(*Pendant ce temps Minerve met la couronne fur la tête de*
Hugues : les Soldats l'élevent avec fon fils fur un pavois
& font une marche dans le camp.)

HUGUES.

Je fuis flatté, mais non pas ébloui
De la faveur qui m'environne :

(*Il l'ôte.*)

Mon cafque fera ma couronne,
Et mon épée eft un fceptre chéri,
Jufte pour vous, funefte à l'ennemi.
Élever la vertu, faire la guerre au vice,
Eft le premier devoir des Rois.
Je jure fur ce fer de refpecter vos Loix ;
D'un pere bienfaifant je remplirai l'office,
Et je protégerai vos droits
Avec la main de la Juftice.

CHŒUR.

Nous acceptons votre ferment,
Et vous devenez notre pere ;
Le plus folide engagement
Eft l'attachement volontaire.

MINERVE.

La Nation va commencer
A s'inftruire, à fe policer.
J'ai confulté la deftinée ;
Le Ciel pour vous favorifer,
Se propofe d'éternifer
La defcendance fortunée
D'un Héros fage & vertueux,

    Qui ne veut que vous rendre heureux.
    Je ferai votre premier guide
    Dans la Guerre, dans les beaux Arts,
    Et fous ma redoutable Egide
    Vous affronterez les hafards.
    L'avenir me fait voir l'image
    D'un Peuple agréable & badin ;
    Mais plein de goût & de courage,
Qui le foir au plaifir confacre fon homage,
Et vole avec ardeur à la mort le matin.
    Qu'on l'accufe d'être frivole,
Ses Rivaux avoûront même dans leur fureur
    Qu'il eft fidele à fa parole,
    Et que le Lys, comme un fymbole,
    Caractérife fa candeur.
    Vos Rois fameux embelliront l'Hiftoire
    Du récit de leurs faits divers ;
    Ils étonneront l'Univers,
Et porteront la France au comble de la gloire.
Les CHARLES, les HENRI feront victorieux,
Et le nom de LOUIS fera toujours heureux.
    Cette contrée en grands Hommes féconde,
    Malgré fes légères erreurs,
    Par fes talens & par fes mœurs
    Sera l'amour & la terreur du monde.
        CHŒUR.
    Nous acceptons avec tranfports
    Un auffi favorable augure,

Et par de généreux efforts,
Nous préparerons les reſſorts
De la grandeur d'une race future.

LE GRAND-PRESTRE.

Chacun de nous doit concourir
A cimenter notre puiſſance :
Nous nous flattons d'y parvenir
Par le zèle & l'intelligence.
Commandez-nous ſans violence ;
Nous ſerons jaloux d'obéir.

UN FRANÇAIS.

Par les bienfaits, par la clémence ;
HUGUES va régner ſur nos cœurs.
Le prix de notre obéiſſance
Eſt d'acquérir des défenſeurs.
Qu'un ſentiment que rien n'efface
A lui nous enchaîne en ce jour ;
Conſacrons pour jamais à ſon auguſte Race
Un tribut mérité de reſpeſt & d'amour.

CHŒUR.

Qu'un ſentiment que rien n'efface
A lui nous enchaîne en ce jour ;
Conſacrons pour jamais à ſon auguſte Race
Un tribut mérité de reſpeſt & d'amour.

UN FRANÇAIS.

Des Français le bonheur commence ;
Le ſavoir & l'urbanité

B iij

Dompteront la férocité,
Le fanatifme & l'ignorance.
Un Roi guidé par la prudence
Dans fes Sujets aime à voir des amis,
De fon pouvoir il obtient l'affurance,
Un Prince humain rend tous les cœurs foumis.

MINERVE, HUGUES, LE GÉNIE.

Que les plus brillantes conquêtes
Soutiennent le thrône à jamais,
Et par les plus galantes fêtes
Immortalifez vos fuccès.
Goûtez les fruits de l'harmonie,
Sans vous affoupir dans la paix ;
Aimer fon Prince & fa patrie,
C'eft l'attribut des cœurs Français.

UN FRANÇAIS.

Le Zéphyr careffe la Rofe,
Son fouffle a l'art de l'embellir ;
La Nature la tenoit clofe,
Et c'eft l'attente du plaifir
Qui l'invite à s'épanouir :
Un fimple gland produit le chêne,
Le grain fe transforme en épis :
La terre féconde la graine,
Et les fleurs fe changent en fruits
Ainfi l'induftrie & la peine,
Au milieu des jeux & des ris,

Feront fructifier nos Lys
Sur les riches bords de la Seine.

CHŒUR.

Animés des transports de la reconnoissance
Célébrons le lien heureux,
Qui doit préparer l'opulence,
La gloire & le bonheur de nos futurs Neveux ;
Et sans cesse qu'on dise en France :
Vive notre Roi vertueux.

FIN DU PROLOGUE.

PERSONNAGES.

M. le Maréchal DE SAXE, *sous le nom de* MAURICE.

M. le Marquis de S... *sous le nom d'*ACHATE.

M. le Maréchal de L... *sous le nom de* VOLDÉMAR.

M. le Marquis de V... *sous le nom de* NARBAS.

M. de Ch... *sous le nom d'*UBALDE.

M. le Maréchal d'E... *sous le nom d'*ADOLPHE.

DORIS,
FLORISE, } Dames du Palais de Maurice.
LÉONIDE,

M. le Maréchal de B... *sous le nom d'*ALCIMON.

GERMOND, Jardinier.

TROUPE de Bergers & de Bergeres.

La Musique, la Poësie, la Danse.

TROUPE d'Habitans de la Flandre.

TROUPE de Guerriers.

TROUPE de Jardiniers.

BERTHOLD, Piqueur.

TROUPE de Chasseurs.

MARS & BELLONE.

LA BATAILLE
DE FONTENOY,
OU
L'APOTHÉOSE MODERNE,
OPERA-TRAGÉDIE.

ACTE PREMIER.

Le Théâtre représente une Maison de Campagne
auprès de Paris.

SCENE PREMIERE.
MAURICE, ACHATE.
ACHATE.

FAVORI de Vénus & du Dieu de la guerre,
Vous passez dans ces lieux
Des jours délicieux,

Et ſi, par vos exploits, vous dépeuplez la terre;
Dans le ſein des plaiſirs vous goûtez la douceur
De compenſer les maux qu'a faits votre valeur.

MAURICE.

Solitaire ſouvent, ſans être en ſolitude,
J'encenſe tour-à-tour les Muſes, les beaux Arts;
Et ſur l'expérience, appuyant mon étude,
Je ſers Bacchus, Cérès, Diane, & le Dieu Mars.

ACHATE.

Un eſſaim de Nymphes charmantes
Vous offre à l'envi mille appas,
Et vous ne dormez dans les bras
Que des Graces ou des Bacchantes.

MAURICE.

L'Amour eſt l'écueil des Héros,
Souvent il obſcurcit leur gloire.
Dans les loiſirs d'un doux repos,
Je lui permets d'occuper ma mémoire :
Mais ſous de plus nobles drapeaux,
J'aime à diſputer la victoire,
Et ce Vainqueur ſe ſoumet à mes loix
Quand Mars m'appelle à de plus grands exploits.

ACHATE.

L'Amour n'eſt qu'un heureux délire;
C'eſt l'amuſement des grands cœurs,
Et les Héros ſous ſon Empire,
Ne doivent cueïllir que des fleurs.

Pour la Beauté qui nous engage
Eſt-il un plus flatteur homage
Que l'éclat des travaux guerriers?
Mais une chaîne où s'endort le courage,
N'eſt plus qu'un honteux eſclavage
Qui flétrit les Lauriers.

MAURICE.

D'un preſtige enchanteur je ſaurai me défendre,
La gloire doit régler les tranſports d'un cœur tendre.
J'encenſe les talens,
J'aime le Chant, la Danſe;
Nul goût de préférence
Ne maîtriſe mes ſens :
Je brave la conſtance,
Et c'eſt dans la diverſité
Que je place la volupté.

ACHATE.

Un Héros peut-être volage,
La gloire ſeule a droit de l'enflâmer :
Careſſez la Beauté ſans vous laiſſer charmer,
Vos triomphes, votre courage,
Vous ſerviront d'agens pour vous en faire aimer.

MAURICE.

J'ai pris Bellone pour mon guide,
L'Enfant aîlé ne m'égarera pas :
A la valeur je joins le bras d'Alcide,
Et j'aſpire à ſuivre ſes pas

Dans ſes travaux, dans ſes combats,
Sorti du ſein d'une Héroïne
Et deſcendu des plus nobles ayeux ;
Je dois, par des faits glorieux,
Juſtifier une origine
Qui me rapprochera des Dieux :
C'eſt le vrai bonheur où j'aſpire.

ACHATE.

En Europe il n'eſt aucun Roi,
Qui, pour illuſtrer ſon Empire,
Ne vous offre un brillant emploi.

MAURICE.

Pour régir de vaſtes contrées,
Des Nations hyperborées
Avoient adopté le deſſein
De me choiſir pour Souverain ;
Mais c'eſt en France où la gloire m'appelle,
Que je prétends ſignaler mes exploits,
Et je veux conſacrer mon zèle
Au plus magnanime des Rois.

ACHATE.

L'on voit ſans jalouſie un choix qui vous préfere
Pour commander à des Français ;
Mais leur Monarque eſt juſte, & s'il aime la guerre,
Il déſire encore plus faire régner la paix.
Nous voyons approcher Doris & Léonide ;
Elles vont avec art déployer leurs attraits,

Que la raison soit votre Egide
Pour vous défendre de leurs traits.

SCENE II.

MAURICE, ACHATE, DORIS, LÉONIDE.

DORIS.

Les Plaisirs marchent sur nos traces ;
La troupe des Ris & des Graces,
Avec la gaieté, doit toujours
Voler au-devant des Amours.

LÉONIDE.

Un généreux Guerrier
Fait gloire d'allier
Le Mirthe & le Laurier.
Une simple couronne
Que le tendre amour donne
   Est d'un prix flateur
   Pour l'Amant vainqueur.
   Mars trouve lui-même,
   Malgré sa fierté,
   Son bonheur suprême
   Près de la Beauté
   Qui le cherche & l'aime.

LA BATAILLE

Un généreux Guerrier
Sait allier
Le Mirthe & le Laurier.

DORIS.

Aux loix d'une conftance vaine
Vous craignez de vous affervir :
Ici, c'eft la main du plaifir
Qui forme feule votre chaîne ;
La volupté doit vous y retenir.

MAURICE.

Aux yeux de l'Univers j'aurois trop à rougir
Si j'en faifois ma fouveraine :
Je dois lui commander & non pas obéir.
Dans une honteufe foibleffe,
On ne me verra pas languir :
La gloire fut toujours ma plus chère maîtreffe ;
L'on ne parvient à l'obtenir
Que par des vertus fans foibleffe.
L'aveugle Enfant a fubjugué le cœur
Du redoutable & foible Alcide :
Renaud fe plongea dans l'erreur
En fe fixant auprès d'Armide ;
Mais l'on triomphe du danger
D'un engagement paffager.

LÉONIDE.

En voltigeant fur les furfaces ;
La variété des tableaux,

Dans l'ame laiſſé moins de traces,
Et préſente à l'eſprit des ſpectacles nouveaux.

DORIS.

Pour célébrer vos dernières conquêtes,
Et s'applaudir de votre heureux retour,
Les habitans de ce riant ſéjour
 Préparent des jeux & des fêtes
 Comme un gage de leur amour;
 C'eſt Floriſe qui les ordonne.

MAURICE.

Je ſens combien il eſt flateur
De voir l'image du bonheur
Dans tout ce qui nous environne.

SCENE III.

ENTRÉE DE BERGERS: FLORISE *préſentant à* MAURICE *une couronne de Laurier:* TROUPE DE BERGERS ET DE BERGERES *armés d'arcs & de fléches.*

FLORISE.

VOTRE préſence attire dans ces lieux
Les ris, les jeux & l'abondance,
Et vous devez lire dans tous les yeux

L'amour, la joie & la reconnoiſſance;
Le ſentiment, que vous peint notre ardeur;
　　Eſt auſſi ſincère qu'extrême;
　　Il n'eſt point de plus grand bonheur
　　Que de plaire à ce que l'on aime.

(*Danſe de Bergers.*)

CHŒUR DE BERGERS.

Chantons dans ces belles retraites
Le plus aimable des Vainqueurs,
Que nos voix ſoient les interprètes
Des tranſports de nos tendres cœurs.

LA POESIE *préſentant des Vers à* MAURICE.

Je chante les Héros, je célèbre leur gloire:
　　C'eſt par mes ſoins que leurs faits généreux
　　Sont conſacrés au Temple de Mémoire,
Et par l'appas flateur des éloges pompeux
　　Dont mon art orne leur hiſtoire;
J'éleve le courage, & j'inſtruis leurs Neveux
A marcher ſur leurs pas aux champs de la victoire.
　　Je ſers l'Amant & le Guerrier,
　　S'ils obtiennent une couronne,
　　J'orne le Mirthe & le Laurier
　　Que l'amour ou la gloire donne.

(*Danſe de Guerriers & de Moiſſonneurs.*)

　　　　　　　　　　　　LA

LA MUSIQUE.

Mes sons tendres, harmonieux,
Donnent de l'ame à la peinture ;
Mes accords ont le don d'émouvoir la Nature ;
Mon emploi noble & glorieux
Est de charmer les Rois, & d'honorer les Dieux.

(*Danse de Vignerons.*)

LA DANSE.

J'exprime la terreur ou je peins la tendresse ;
Et de mes pas précipités,
La grace & la vive justesse
Charment les yeux par leurs variétés.

(*Danses vives & tendres.*)

TRIO.

LA MUSIQUE, LA POESIE, LA DANSE.

Les Vers, la Musique & la Danse
Sont réunis pour fêter vos travaux,
La Renommée est votre récompense ;
C'est le tribut qui flatte les Héros.

FLORISE.

Daignez reconnoître l'amour
Dont pour vous le feu me dévore ;
Vous le rendrez plus vif encore
Si j'obtiens un tendre retour.

C

LA BATAILLE

Daignez reconnoître l'amour, &c.

MAURICE.

Je fuis fenfible à vos faveurs ;
Mais pour m'affranchir des langueurs ;
Si l'amour m'impofe une chaîne,
Je prétends qu'elle foit de fleurs,
Afin de la brifer fans peine.
L'amour ardent produit fouvent la haine ;
La méfiance & l'excès des fureurs.

UNE BERGERE.

L'Amour eft hypocrite,
Il careffe d'une main,
Et de l'autre il médite
De jouer un tour malin.
Par fa mine
Enfantine,
Il s'attire des faveurs ;
Il verfe des pleurs,
Il rit, il badine ;
Il offre des fleurs,
Et cache l'épine
Que fon art deftine
A bleffer les cœurs.
L'Amour eft hypocrite, &c.

Ses Courtifans à Cythère
Sont expofés au regret ;

L'Amante apprend à fe taire,
Mais l'Amant eft indifcret ;
Malgré la loi du myftère
On dévoile leur fecret.
L'Amour eft hypocrite , &c.

(On entend un grand bruit de guerre.)

MAURICE *étonné.*

Mais quels fons éclatans , & pourquoi les trompettes
Viennent-elles troubler nos paifibles retraites?

ACHATE.

J'apperçois un Guerrier.

MAURICE.

Eh quoi, Narbas , c'eft vous !
Venez-vous occuper vos loifirs avec nous ?

NARBAS.

Un foin plus important auprès de vous m'attire :
La Difcorde funefte a foulevé l'Empire
Contre le plus jufte des Rois.
Elle a dans fes complots entraîné l'Angleterre,
Qui des Traités brave les loix :
LOUIS fe voit forcé de foutenir la guerre
Pour la défenfe de fes droits,
Et pour diriger fon tonnerre,
C'eft votre bras dont il fait choix.

MAURICE.

Votre patrie , en devenant la mienne ,

M'impofe un trop jufte devoir.
Je dois d'un Roi puiffant juftifier l'efpoir ;
Ma gloire dépend de la fienne.

DORIS.

Vous enlever de ces beaux lieux,
C'eft nous plonger dans la douleur amère ;
Tout y retraçoit à vos yeux
Les agrémens de l'Ifle de Cythère :
Mars offre des honneurs que l'on peut envier,
Mais fouvent le Cyprès eft voifin du Laurier.

MAURICE.

Par un fi funefte préfage
Ne croyez pas m'intimider :
Je dois l'exemple du courage
A ceux que je vais commander ;
Ils en font un brillant ufage
Que j'aurois tort de retarder.

DORIS.

De vos périls la feule image
Dans la douleur va nous plonger.

MAURICE.

Les Français pleins d'ardeur affrontent le danger ;
Et je ferois Soldat moi-même,
S'il falloit les encourager ;
Mais un Général qui les aime
Enchaîne leur bravoure & doit les ménager,

Dans le repos que la paix donne ,
Le goût pour le plaifir eft leur première loi ;
Mais dès que la Trompette fonne ,
L'amour de la patrie ou l'amour de leur Roi
Les réveille & les aiguillonne :
De leur vie , ou leur mort ils font un digne emploi.

FLORISE.

Oui , Seigneur , cherchez la victoire ,
Elle eft digne de vos défirs ;
La route qui mene aux plaifirs ,
N'eft pas le fentier de la gloire :
Arrachez-vous à nos tendres foupirs ,
Et méritez de vivre dans l'Hiftoire.

MAURICE.

J'aime ce tranfport généreux ,
Condé , Luxembourg & Turenne
Se font élevés jufqu'aux Cieux
Par les talens de Capitaine ;
J'afpire à m'y voir auprès d'eux.
Mon épée & mes jours font acquis à la France ,
Qui m'attache par de beaux nœuds :
Je les dois à la confiance
Dont m'honore un Roi valeureux ;
Rien ne m'arrête plus , je vole à la vengeance.

(Il fort l'épée à la main.)

CHŒUR.

Si la gloire a des appas ,

Elle cauſe des allarmes ;
Protege, Dieu des combats,
La juſtice de nos armes,
Et comble de tes bienfaits
Le Monarque & les Sujets.

FLORISE.

Malgré le danger des obſtacles,
Suivons les pas de ce Héros :
Dans les momens de ſon repos
Nous pourrons l'amuſer par de riants ſpectacles,
Et nous ſoulagerons le poids de ſes travaux.

Fin du premier Acte.

ACTE II.

Le Théâtre repréfente une Campagne & un Camp dans l'éloignement.

SCENE PREMIERE.

MAURICE, VOLDÉMAR.

MAURICE.

J'AI vifité le camp, & j'ai vu nos Soldats
 Enflâmés d'un noble courage ;
 Ils ne refpirent que combats,
Et leur ardeur guerrière eft d'un heureux préfage.

VOLDÈMAR.

 S'ils ont éprouvé des revers,
 C'eft par excès de confiance ;
 Ils ont dans leurs affauts divers
 Plus de valeur que de conftance.

MAURICE.

 Mais leurs fuccès font décidés,
 Quand la prudence les feconde,
 Et les Français bien commandés
 Feroient la conquête du monde.

C iv

La préfence d'un Roi chéri
Les tranfporte & les aiguillonne
'A foutenir les droits de fa Couronne :
Ils fe feront honneur de s'immoler pour lui,

VOLDÉMAR.

Ce Prince qu'on adore & fon généreux fils,
De la Cour fuyant les délices,
Pour combattre leurs ennemis,
Et mieux juger de nos fervices.
A l'exemple de leurs ayeux
Viennent eux-mêmes en ces lieux,
Et leur favorable influence
Paroît centupler l'exiftence
De nos redoutables Soldats,
Qui fe montrent jaloux d'affronter le trépas.

MAURICE.

Le feu qui fouvent les anime,
Ne les rend que trop indifcrets;
Mais d'une audace légitime,
Je dois modérer les effets.

VOLDÉMAR.

Vous faurez par la prévoyance
Tromper les caprices du fort ;
Faifons voir, en bravant la mort,
Que s'il eft des Héros en France,
Il en eft auffi dans le Nord,

MAURICE.

Un mal dangereux & funeste
Tient mes sens dans l'accablement ;
Je ne suis soutenu que par le sentiment,
Et l'amour de la gloire est tout ce qui me reste.
Je dois dans un si beau moment
Triompher de la maladie ;
Je me crois à la Monarchie
Comptable de l'événement:
Oui, c'est en vain que la mort me menace,
Il faut en chercher les hasards ;
Je croirai qu'elle me fait grace,
Si je la trouve aux Champs de Mars.

SCENE II.

MAURICE, VOLDÉMAR, ADOLPHE,

ADOLPHE,

Seigneur, notre ennemi s'avance ;
Ses rangs sont nombreux & serrés :
La fierté de leur contenance
Annonce qu'ils sont préparés
A la plus vive résistance.
L'acier brille dans tous les rangs,
L'air s'obscurcit & l'airain tonne ;
L'on voit une épaisse colonne

S'approcher de nous à pas lents :
Mais nos invincibles cohortes
Attendent l'aſſaut ſans effroi,
Et leurs allarmes les plus fortes
Sont pour le ſalut de leur Roi.

MAURICE.

D'une entrepriſe téméraire,
Il faut arrêter le progrès ;
Quand l'œil d'un grand Roi nous éclaire,
Il eſt garant de nos ſuccès.

ADOLPHE.

Des Troupes inébranlables
Garniſſent l'un & l'autre flanc,
Et des redoutes formidables
Défendent l'enceinte du Camp.

MAURICE.

Richelieu, Biron, d'Armentières,
Et d'autres braves Militaires
Rangés ſous mon autorité,
Signaleront leur zèle & leur fidélité.
Ils ſont de mes projets de ſûrs dépoſitaires ;
Je réponds du ſuccès de leur activité....
Mais allons ſans tarder diſpoſer notre armée,
Et que par mon exemple elle ſoit animée :
La voix de la célébrité
Étouffe le cri de l'envie,

Et c'eſt par l'intrépidité
Qu'on ſurvit à ſa propre vie.

SCENE III.

FLORISE *éplorée*, MAURICE.

FLORISE.

Quoi ! vous partez, Seigneur, je tremble pour vos
jours,
Dont la France déſire éterniſer le cours.

MAURICE.

D'un intérêt plus grand mon ame eſt occupée ;
Je vole au ſecours de l'Etat,
Et pour en augmenter l'éclat,
Je vais lui conſacrer ma vie & mon épée.

(*Il ſort, & l'on entend un grand bruit de guerre.*)

SCENE IV.

FLORISE *seule.*

Le Héros qui charme mon cœur
Y répand de vives allarmes :
L'Amour l'a rendu mon vainqueur,
Que de nos ennemis il le soit par les armes,
Et qu'il revienne plein d'ardeur,
Tarir par ses regards la source de mes larmes.

En vain par de tendres efforts,
J'aspire à captiver son ame ;
Il est touché de mes transports
Sans renoncer à partager sa flâme.
Le Héros qui charme mon cœur, &c.

Amour, Amour, il est de ton honneur
De triompher quand on te brave ;
C'est pour assurer son bonheur
Que tu le rendras ton esclave.
Le Héros qui charme mon cœur, &c.

(On entend des cris & un bruit de guerre.)

SCENE V.

DORIS, LES PRÉCÉDENS, FLORISE, HABITANS *des Contrées voifines.*

CHŒUR.

La flâme détruit nos maifons,
Où fuir, où chercher un afyle ?
Nous voyons ravir nos moiffons,
De nos foyers on nous exile :
     Hélas ! hélas !
Sans être coupables de crimes,
Nous fommes les triftes victimes
De l'intérêt des Potentats
Et de la grandeur des Etats.

(*Le bruit de guerre continue.*)

FLORISE.

Un Prince bienfaifant afpire
A vous faire paffer fous un nouvel Empire ;
Pour goûter le bonheur de vous dédommager
    Des fléaux que la guerre attire.
    Quand on le connoît, on l'admire ;
    Il met fa gloire à protéger
    Également ce qui refpire
    Sous fes loix ou chez l'étranger.

UN HABITANT.

Nous favons que femblable aux Trajans, aux Aurele,
  Il eft le plus parfait modele
  De la noble affabilité,
  Et fi fecondé de Bellonne,
Il foutient en Héros les droits de fa Couronne,
  C'eft fans bleffer ceux de l'humanité.

UNE HABITANTE.

  Un pur fentiment nous engage
  A lui confacrer notre hommage,
  Le goût nous parle en fa faveur,
  Si le hafard de la naiffance
Ne nous a pas formés fous fa puiffance,
Nous deviendrons fes Sujets par le cœur.

SCENE VI.

LES PRÉCÉDENS, UBALDE, *Guerrier.*

UBALDE.

Dissipez vos vives allarmes,
Chaque Soldat eft un Héros,
Et le fort chancelant des armes
Se déclare pour nos drapeaux.
La victoire s'eft balancée,
Mais la colonne eft enfoncée;

Et notre ennemi confterné
Par la honte de fa défaite,
Pour fuir un vainqueur acharné,
Dans les bois cherche fa retraite.

FLORISE.

La mort dans cet affreux combat
A-t-elle refpecté nos Princes ?
L'accroiffement de nos Provinces
Seroit un malheur pour l'Etat ;
L'on doit craindre qu'il s'aggrandiffe
Au prix d'un fi grand facrifice.

UBALDE.

Aucun d'eux ne paroît bleffé ;
Et L O U I S fe trouve placé
Au plus beau moment de fa vie ;
Mais fón ame s'eft attendrie
Sur tout le fang qu'on a verfé.

FLORISE.

Tout fentiment de barbarie
A fon génie eft oppofé.

UBALDE.

Grammont, d'Avray, Craon, Longaulnay, d'Aube-
terre,
Du Brocard, Puyfégur, Langey, Dillon, la Serre ;
Sont victimes de la valeur
Que doit infpirer la naiffance,

Et dix mille Héros précieux à la France
Sont déja moiſſonnés dans les champs de l'honneur.

FLORISE.

Mon cœur eſt pénétré d'horreur.

UBALDE.

L'Irlandois vaillant & fidele
S'eſt cru lui-même intéreſſé
A venger ſa propre querelle,
Et par la haine renforcé,
De nos braves Français il a ſervi le zèle.

FLORISE.

Un ſi brillant événement
Me donne une nouvelle vie;
Je ſens dans cet heureux moment
Combien j'aime mon Roi, la gloire & ma patrie.

UBALDE.

De morts & de mourans les ſillons ſont couverts,
Le Soldat altéré de ſang & de carnage
Profite de ſon avantage,
Et fait voler la mort en mille endroits divers.
Tournay bientôt à nos cohortes
Sera forcé d'ouvrir ſes portes;
Ses murs ſont déja renverſés,
Les bataillons ſont diſperſés,
Et MAURICE pourſuit le reſte
Des vaincus échappés à cet aſſaut funeſte.

UN

UN HABITANT *du pays.*

Nos cœurs juſtement prévenus
A Louis conſacroient d'avance
Le tribut d'un amour qu'on doit à ſes vertus.
Sa bonté produira notre reconnoiſſance ;
Les ſiécles paſſés nous ont vus
Soumis au pouvoir de la France,
Et nous y retournons ſans nulle répugnance.

FLORISE.

Montrons dans nos chants réunis
Les tranſports d'une joie extrême,
Un Monarque que ſon Peuple aime
Triomphe de ſes ennemis,
Et rend plus beau ſon diadême.
Louis fait refleurir nos Lys :
Le Peuple triomphant doit préparer des fêtes,
Pour un Roi bien-aimé qui ſage en ſes projets,
Regne par ſa bonté ſur de braves Sujets,
Et ſur ſes ennemis par le droit de conquêtes.

CHŒUR.

Nous partagerons les effets
De ſa douceur, de ſa clémence ;
Mais qu'il ne nous rende jamais,
Quand ſur les traces de la paix
Il ramenera l'abondance,
Et fera ſentir ſes bienfaits.

D

LA BATAILLE

UNE BERGERE.

Le regne d'Aſtrée
Dans notre contrée
Va recommencer ;
Ce ſéjour champêtre
Doit ſous un bon Maître
Se fertiliſer.

L'Amour & ſa Mere
Quitteront Cythère
Pour orner nos jeux ;
La vive tendreſſe ,
Jointe à la ſageſſe ,
Formera nos nœuds.
Le regne d'Aſtrée , &c.

La Cour & les Villes
Se rendent utiles
Dans de grands emplois ;
Mais les bleds , les vignes ,
Ne ſont pas indignes
Des regards des Rois.
Le regne d'Aſtrée , &c.

(On entend un grand bruit de guerre.)

SCENE VII.

MARCHE.

MAURICE *à la tête des Guerriers*, FLORISE,
BERGERS *&* HABITANS *du pays.*

MAURICE.

J'AI de ce vaste Empire étendu les limites :
LOUIS est triomphant & ses fiers ennemis,
Par l'effort de mon bras seroient déja soumis,
Si la nuit de nos coups n'eût arrêté les suites.
Suivez-moi, mes amis, & volons sur leurs pas :
A Lawfeld, à Raucoux, poursuivons la victoire,
Et méritons encor par de nouveaux combats
De voir nos noms gravés au Temple de Mémoire.

FLORISE à MAURICE.

C'est à l'Amour à couronner la gloire,
Contre ses traits ne vous défendez pas,
Secondez mes accords, Bergers de ces climats ;
Que vos Hautbois, que vos Musettes,
S'unissent au bruit des Trompettes,
Pour célébrer de grands exploits ;
Que le nom de MAURICE,
En tous lieux retentisse,
Applaudissons au choix
Du plus sage des Rois.

CHŒUR.

Que le nom de MAURICE,
En tous lieux retentiſſe,
Et béniſſons le choix
Du plus ſage des Rois.

(On danſe.)

SCENE VIII.

ALCIMON ET LES PRÉCÉDENS.

ALCIMON.

LOUIS ſenſible à vos ſervices
S'apprête à les récompenſer ;
Mais il ordonne de ceſſer
Le cours des ſanglans ſacrifices ;
Sa bonté ne ſupporte pas
Que le ſang inonde la terre ;
Il vient de terminer la guerre,
Et ſur la foi des Concordats,
Il ne veut plus que votre bras
Lance le feu de ſon tonnerre.

MAURICE.

Il devoit impoſer la Loi ;
A céder, qui peut le contraindre ?
Ses ennemis à Fontenoy
N'ont-ils pas appris à le craindre ?

ALCIMON.

Il rend tout ce qu'il a conquis
En faveur des hommes qu'il aime,
Et force ses ennemis même
A regarder d'un œil surpris
Sa modération extrême.

UBALDE.

A ces procédés généreux,
Nous reconnoissons notre Maître ;
Et s'il est Roi par ses ayeux,
Par lui-même il est fait pour l'être.

ALCIMON.

Il renonce au titre flatteur
De Conquérant & de Vainqueur ;
Modestement il leur préfere
Le nom de Pacificateur.
En Prince équitable, en bon Pere,
Il veut qu'un pacte salutaire
De l'Europe allarmée assure le repos.

MAURICE.

Admirons l'ame d'un Héros,
Qui fait au genre humain de si beaux sacrifices,
Et dans nos paisibles foyers
Allons goûter avec délices
Les douceurs de la paix à l'ombre des Lauriers.

(Ils sortent.)

D iij

UN GUERRIER.

Dans nos jardins l'on voit les Lys
Faire l'ornement d'un parterre,
Et fous le regne de L o u i s
Ces fleurs enrichiffent là terre.
Chantons un Roi victorieux,
Chantons un Vainqueur pacifique ;
Il furpaffe encor fes ayeux :
Nous difons, quand le cœur s'explique,
Qu'il eft un vrai préfent des Dieux.

C H Œ U R.

Chantons un Roi victorieux,
Chantons un Vainqueur pacifique ;
Il furpaffe encor fes ayeux :
Nous difons, quand le cœur s'explique,
Qu'il eft un vrai préfent des Dieux.

Fin du fecond Acte.

ACTE III.

Le Théâtre repréfente les Jardins & le Château de Chambord.

SCENE PREMIERE.

MAURICE *feul, en bonnet & en deshabillé galant.*

Loin du tumulte de la Cour,
Je jouis d'un deftin tranquille,
L'ambition, le fol amour,
Rendent fouvent l'ame fervile.
Libre du choc des paffions,
Je lis, j'embellis mon afyle,
Et de juftes réflexions
Sauront me rendre encore utile :
Dès le point du jour les oifeaux
Viennent enchanter mon oreille ;
J'entends le murmure des eaux ;
J'admire l'Aurore vermeille,
Et de la diligente Abeille,
Je vois d'un œil furpris l'adreffe & les travaux,
En méditant à l'ombre d'une treille.

L'amour égaye mon loifir ,
Toujours occupé fans affaire ,
Je vais de l'étude au plaifir ,
Sans embarras que de choifir
L'objet qui fait le mieux me plaire.
L'ennui ne m'affiége jamais ,
Et fidele à l'Agriculture,
Je dévoile mille fecrets
Que nous recele la Nature ,
Et qui rendent avec ufure
Les frais que pour elle on a faits.

SCENE II.

MAURICE, ACHATE, UN JARDINIER.

ACHATE.

Nous avons vifité vos terres ,
Les prés , les bofquets , les gazons ,
Et pour l'agrément des parterres,
Nous venons prendre vos leçons,

MAURICE.

Promenons-nous, examinons ;
Qu'on arrofe ces fleurs nouvelles ;
Et vous choifirez les plus belles
Pour orner la Beauté
Dont je fuis enchanté.

ACHATE.

Fixez vos yeux fur cette Rofe ,
Nous la voyons à peine éclofe ,
Que le Soleil par fon éclat
En ternit le vif incarnat.

MAURICE.

C'eſt l'image de la jeuneſſe ,
Qui n'a qu'un attrait paſſager,
Au matin le Zéphyr léger
La voit , fourit & la careſſe :
Près d'elle il aime à voltiger ,
Un coup de vent la fait changer ;
Sa tige languit & s'affaiſſe ,
Autour d'elle il vole le foir
Sans faire femblant de la voir ,
Un autre occupe fa tendreſſe.

ACHATE.

En plaiſirs , en fleurs , en amours ,
Le changement flatte toujours ;
C'eſt l'antidote de l'yvreſſe.

MAURICE.

La fleur commence à fe pafler.

GERMOND.

Les chaleurs ont fait éclipfer
La Tulipe , l'Œillet , le Lys & l'Anémone ;

Mon art a ſçu les remplacer,
Et par mes ſoins la riche Automne
Se prépare à nous diſpenſer
Les préſens de Bacchus & les dons de Pomone.
L'abondance des potagers
Fera les honneurs de la Table,
Et la richeſſe des vergers
Joindra l'utile à l'agréable.

MAURICE.

Ployez ces jeunes arbriſſeaux,
Et faites-les croître en berceaux.
Donnez une inſenſible pente
A l'onde claire qui ſerpente
Avec lenteur dans ces canaux,
Et forcez ces tendres Ormeaux,
Dont la féve eſt obéiſſante,
A marier leurs fléxibles rameaux
Pour nous former une eſpèce de tente.

SCENE III.

LES JARDINIERS ET LES JARDINIERES *s'assemblent, & viennent offrir des fleurs à* MAURICE.

CHŒUR.

Sous l'emblême des fleurs,
'Agréez notre homage ;
Ce n'est qu'un foible gage
De nos vives ardeurs.
Si, de leur couleur brillante,
Le temps flétrit les attraits,
Le zèle qui les préfente
Ne s'affoiblira jamais.

UNE JARDINIERE.

Une fimple fleur
Vaut une couronne,
Quand un tendre cœur
L'obtient ou la donne.
Nous goûtons près de vous
Un fort digne d'envie,
Vous répandez fur nous
Le charme de la vie.
Ce tribut flateur,

LA BATAILLE

Fruit de notre ardeur,
Vous en remercie.
Nous suivons les loix de l'honneur,
Loin de la grandeur importune,
Et nous accordons au bonheur
L'encens qu'on offre à la fortune.

Une simple fleur, &c.

(*On danse.*)

UNE AUTRE.

Dans ces lieux champêtres
Les Chênes, les Hêtres,
Sont les seuls témoins
De nos tendres soins.
La jeune Bergère,
Sage & peu sévère
Se laisse engager.
Le tendre Berger,
Ami du mystère,
Est assez sincère
Pour ne point changer;
Ce qui peut déplaire
Nous est étranger.

(*On danse.*)

CHŒUR.

Préparons de riantes fêtes
Au plus aimable des Héros;

Dans la guerre , il fait des conquêtes ,
Et dans la paix , il fait notre repos.

UNE JARDINIERE.

La simple Nature
Fait notre bonheur ,
Et la paix du cœur
Régle sa mesure.
La douce fraîcheur
De cette onde pure ,
Fait de la verdure
Briller la couleur.
Le tendre ramage
Des Oiseaux amoureux ,
Nous trace l'image
De l'ardeur de leurs feux ;
Dans ce riant bocage ,
L'Amour rit auprès d'eux ,
Et par son badinage ,
Sans esclavage ,
Il les rend heureux.

UNE AUTRE.

N'envions point leur destinée ;
S'ils sont libres , des nœuds gênans
Que nous impose l'hymenée ,
Le plaisir les rend inconstans ;
Ils n'aiment que dans le Printems ,
Et nous aimons toute l'année.

MAURICE.

Allez reprendre vos travaux,
Votre zèle est ma récompense ;
Et je saurai par des bienfaits nouveaux
Vous marquer ma reconnoissance.

GERMOND.

Nos soins & notre diligence,
Sauront enrichir ces côteaux ;
Déja votre seule présence
Nous les rend plus chers & plus beaux.

(Ils se retirent.)

SCENE IV.

MAURICE, ACHATE.

MAURICE.

Je vais employer l'industrie
A dompter de fiers animaux ;
J'éleve une Ménagerie,
Et je fais dresser des Chevaux.
Dans l'art d'un nouvel Exercice ,
Je formerai des Régimens ;
Je veux que mes délassemens
De la guerre soient une esquisse.

SCENE V.

MAURICE, DORIS, ACHATE.

DORIS.

Nous attirons le Poiſſon dans la naſſe,
L'Oiſeau ſe prend dans nos filets ;
Mais une plus aimable Chaſſe
Eſt de vaincre par nos attraits
Un cœur léger qui réſiſte à nos traits.

MAURICE.

A vos talens je rends hommage ;
J'aime votre vivacité,
Et la ſéduiſante gaité
De votre joli badinage,
Et vous ſauriez me plaire davantage,
Si j'aimois moins la douce liberté
Qui fut toujours mon apanage.

DORIS.

Je me conforme à vos déſirs,
Et c'eſt pour vous paroître aimable,
Que je me livre aux ſeuls plaiſirs,
Qu'auprès de vous je goûte à table.
Pour moi, la joie eſt toujours de ſaiſon,
Et de l'ennui j'abhorre le poiſon.

J'aime à chanter, à boire, à rire;
Et je préfere à la raison
Les écarts paſſagers d'un amuſant délire.

MAURICE.

Régnez à ce prix ſur mon cœur;
Sans gêner mon indépendance ;
Le vain honneur de la conſtance
En impoſe par l'apparence,
Mais il dégénère en langueur.

Duo.

MAURICE, DORIS.

Plaignons les tendres cœurs que le Ciel a fait naître
Pour être eſclaves de l'Amour ;
Il veut toujours être le Maître,
Et le bonheur conſiſte à l'être tour à tour.

(*Doris ſort.*)

SCENE VI.

MAURICE, ACHATE, DORIS, FLORISE.

FLORISE.

Votre cruelle indifférence
Me force à rompre le ſilence ;
Vous ſemblez craindre de me voir;

Ma

Ma préfence en ces lieux vous bleffe :
Dois-je renoncer à l'efpoir
De poffédér votre tendreffe ?

MAURICE.

On ne fixe pas un Amant,
En le fatiguant de fes plaintes :
Les pleurs, les foupçons & les craintes ;
Sont moins l'effet du fentiment
Que le cri de l'emportement.

FLORISE.

Ne foyez point furpris que mon couroux s'exhale ,
Quand pour moi fans ménagement,
Vous me caufez l'affreux tourment
De voir triompher ma rivale ,
Et quand vous trahiffez au mépris d'un ferment,
Une flâme que rien n'égale.

MAURICE.

Loin des orages de la Cour ,
Loin du tumulte & de l'intrigue,
Les plaifirs ornent mon féjour,
Je les y goûte fans fatigue ;
D'un trop pénible attachement
L'Amour vient me diftraire ;
Je n'en fais qu'un délaffement,
Et non pas une affaire.

E

FLORISE.

Si vous ne favez pas aimer,
Cruel, falloit-il m'enflâmer ?
Dans l'arrêt qui me facrifie,
Je lis le malheur de ma vie.

MAURICE.

Ceffez de me révolter
Par des traits de jaloufie ;
Je ne faurois écouter
Une aveugle frénéfie
Qui vous force d'éclater.
D'une volontaire offrande
L'Amour doit fe contenter ;
Mais auffi-tôt qu'il commande,
Il faut favoir le quitter.

ACHATE.

Une Amante fe rend à plaindre ,
En fuivant des tranfports jaloux ;
Mais vous faurez mieux vous contraindre,
Quand vous aurez appris de nous
A diverfifier vos goûts.

FLORISE.

Si votre amour & votre confiance,
Que j'exige par préférence,
Ne font qu'un bien à mes vœux interdit
La colère qui me poffède,

A la Beauté qui vous obféde
Fera reſſentir ſon dépit.
Je me vengerai ſur moi-même
De mon aveuglement extrême,
Pour un ingrat qui me trahit,
Et qu'en ce moment encor j'aime
Malgré la rage qui m'aigrit.

MAURICE.

Modérez votre violence,
Dont je préviendrai les effets.

(*On entend un bruit de Cors de chaſſe.*)

Mais je vois nos Chaſſeurs dont la troupe s'avance,
Et leur prompt retour me diſpenſe
D'aller pour les rejoindre arpenter les forêts :
Déja le bruit qui les devance
Semble m'annoncer leurs ſuccès.

CHŒUR DE CHASSEURS.

C'eſt pour les Vainqueurs de la terre,
Que nos amuſemens ſont faits :
Le plaiſir dirige nos traits,
Et nous trouvons dans nos forêts
La vive image de la guerre.

SCENE VII.

MAURICE, BERTHOLD, UN CHASSEUR, UNE BERGERE.

BERTHOLD.

Nous avons terraffé le monftre furieux,
     Qui répandoit la terreur dans ces lieux.
Nous l'avons pourfuivi jufques dans les montagnes,
       Et les habitans des campagnes
       S'applaudiffent d'être vengés
D'un farouche animal qui les a ravagés.
Nous vous offrons fes traces monftrueufes :
       Au champ de Mars , ou dans les bois ,
       Les armes qu'on prend fous vos loix
       Sont à coup sûr victorieufes.

MAURICE.

J'accepte ce tribut comme un gage affuré
       Du fentiment de confiance
       Que votre cœur m'a confacré ,
Et dont je fens le prix avec reconnoiffance.

CHŒUR.

       Chantons un Héros révéré ,
       Et célébrons fa bienfaifance ;
       C'eft par fa valeur que la France

Jouit d'un bonheur défiré.

UN CHASSEUR.

Avec l'amour on languit , on foupire ,
Et l'on eft confumé de feux :
Diane préfide à nos jeux ,
 Sous fon empire
 L'on vit heureux ,
Mais·ils ont des rapports entre eux.
 C'eft par la rufe & l'adreffe ,
 Que l'on voit tomber la piéce
 Entre les mains des Chaffeurs ;
 C'eft par des appas trompeurs
 Que l'Amant à fa Maîtreffe
 Sait dérober des faveurs :
Avec l'amour on languit , on foupire , &c.

 Le Chaffeur comme l'Amant
 Eft plein d'ardeur , vigilant ,
 Et quand l'objet lui réfifte ,
 Il doit courageufement
 Reclamer , fuivre la pifte ,
 Pour faifir un bon moment :
Avec l'amour on languit , on foupire , &c.

UNE BERGERE.

Pour fuir les regards de l'envie ,
Le goût & la fimplicité
Guident nos pas dans la prairie ,

Ou dans un bofquet écarté,

Les plaifirs font notre cortége,

Et quand le Soleil nous afliége

Un verd feuillage eft nos rideaux,

Nos plat-fonds font les arbrifleaux,

Les gazons nous fervent de fiége,

Et nos miroirs font les ruiffeaux.

(*On danfe.*)

SCENE VIII.

LES PRÉCÉDENS, ACHATE, DORIS.

TRIO.

MAURICE, ACHATE, DORIS.

MAIS quels fons éclatans ici fe font entendre,

Dans un char lumineux, c'eft Mars qu'on voit def-
cendre,

Près de Bellone, il eft affis,

Nos fens font étonnés & nos yeux font furpris.

*On entend une Mufique majeftueufe & éclatante, pendant
laquelle Mars & Bellone defcendent dans un char.*

SCENE IX.

MARS, BELLONE, MAURICE, VOLDÉMAR.

MARS.

MAURICE aimable en paix & redoutable en guerre,
Jouit d'un fort délicieux :
C'eft pour le placer encor mieux,
Que le Ciel envie à la terre
Un Héros auffi glorieux,
Et pour l'élever jufqu'aux Cieux
Le puiffant Maître du Tonnerre
Nous a députés dans ces lieux.
Pour prix de votre noble audace ;
Venez avec nous prendre place,
Et qu'en tout pays les Mortels
Elevent pour vous des Autels.

BELLONE.

Votre vertu, mon fils, fera récompenfée ;
Par Jupiter vous êtes demandé,
Et votre rang eft décidé
Avec Alcide, avec Théfée,
Près de Turenne & de Condé.
Français que je chéris, imitez fon exemple;
Volez par des travaux à la célébrité,

C iv

Et vous mériterez d'être placés au Temple
De l'Immortalité.

Duo.

MARS ET BELLONE.

La troupe des Dieux vous défire,
Et c'eft un honneur mérité ;
Venez dans le célefte Empire
Partager l'immortalité.

MARS.

La jeune Hébé prétend verfer pour vous
Le doux Nectar & l'ambrofie ;
Les demi-Dieux, fans en être jaloux,
Vous verront dans leur compagnie,
Et d'un regard auffi tendre que doux,
Nos Déités, de votre ame ravie
Satisferont les défirs & les goûts.

MAURICE.

L'ordre des Dieux me furprend & m'honore;
Mais j'afpirois par de nouveaux exploits,
A me rendre plus digne encore
De la faveur que je reçois,
Mon ame élevée & guerrière
Doit braver la mort & le temps;
C'eft éternifer fa carrière
Que d'en illuftrer les momens.

(*Il monte dans le Char à côté de Bellone.*)

Peuples, diffipez vos allarmes,
Mon départ n'eft point un trépas :
Mon efprit doit toujours vous guider aux combats,
Et je veux préfider au bonheur de vos armes.

VOLDÉMAR.

Les biens qu'on trouve fur la terre
N'ont qu'une lueur paffagère ;
Un Héros penfe que les Cieux
Sont fa véritable patrie.
Le plus bel inftant de fa vie
Doit être le terme où les Dieux
Le vengent des traits de l'envie,
Et lui font goûter avec eux
Le doux Nectar & l'ambrofie :
Mais ce rapide excès d'honneurs
Eft la fource de nos douleurs.

MAURICE.

Mon amitié doit vous attendre,
Sur mes pas vous faurez vous rendre
Voldémar au fein des grandeurs.

CHŒUR.

Pardonnez-nous les pleurs que nous devons répandre ;
Nous perdons un pere, un appui ;
Faites, grand Dieu, que de fa cendre,
Il renaiffe un Héros auffi fage que lui.

Pendant ce Chœur, le Char s'éleve. On voit paroître la

ſtatue du Maréchal qui eſt derrière. Le Théâtre change ;
& l'on voit le Temple de la Renommée , où ſont les ſta-
tues du grand Condé , de Turenne , de Villars , & d'au-
tres fameux Guerriers , au milieu deſquels eſt Maurice.

UN GUERRIER.

C'eſt ici l'heureux aſyle ,
Où la Gloire tient ſa Cour ;
C'eſt un fortuné ſéjour
Dont l'accès eſt difficile.
Le courage ne ſuffit pas ,
　Il faut outre l'audace ,
Que la tête régle le bras ,
　Pour y prendre ſa place.

UNE BERGERE.

C'eſt dans les accidens divers
Qu'un vrai Héros ſe fait connoître ;
Dans les ſuccès , dans les revers
De lui-même il eſt toujours Maître.
De l'honneur il ſuit les ſentiers ;
Mais il adoucit les allarmes
Que cauſe l'effort de ſes armes ,
Et quand il cueille des Lauriers ,
Il les arroſe de ſes larmes.

(On danſe.)

UN GUERRIER ET LE CHŒUR.

Trempons dans les larmes ,

Nos brillantes armes,
Et qu'un tendre souvenir
Les rende encor fatales
Aux Nations rivales
Qui voudroient nous aſſervir.

UN AUTRE GUERRIER.

A l'Etranger jaloux,
Il impoſoit ſilence,
Et ſon nom ſeul pour nous
Étoit une défenſe.
Trempons dans les larmes, &c.

(*Danſe de Guerriers qui vont aiguiſer leurs armes au bas de la ſtatue du Maréchal.*)

VOLDÉMAR.

Entre Mars, Bellone & Pallas,
MAURICE à préſent ſe repoſe.
Bons Citoyens, braves Soldats,
Rempliſſez un devoir que le Ciel vous impoſe ;
Les Dieux vous trouveroient ingrats,
Si vos cœurs ne s'mployoient pas
A faire ſon apothéoſe.

CHŒUR.

Que le plus fameux des Vainqueurs
Soit éterniſé dans nos cœurs ;
Que le Monarque de la France,
Par un ſuperbe monument,

ENVOI.

Lui marque fa reconnoiffance
Et notre tendre attachement.

Fin du troifiéme & dernier Acte.

ENVOI

A M. B. A. M. B. D. Q. M. D. R. J. D. C.

JE ne fuis jamais un moment
Sans m'occuper de quelque chofe,
Et pendant qu'on joue & qu'on caufe,
Loin de prêcher cauftiquement
Sur les faits ou les gens qu'on glofe,
Pour m'amufer tacitement
Je fais des vers ou de la profe.
D'un grave affujettiffement,
C'eft ainfi que je me repofe,
Et que je fais voir une dofe
De mon naturel enjoûment.
Sans me donner la moindre peine,
J'ai voulu faire un Opera,
Et tout en égayant ma veine,
En rimaillant par-ci par-là,
Je l'ai fabriqué : le voilà ;
C'eft l'affaire d'une quinzaine.
Je le confacre au fentiment,
A la franchife, à la droiture,

Et j'ai dû , dans votre ame pure ,
En découvrir l'assortiment.
Par une régle peu commune ,
Vous rapportez tout au bonheur ,
Sans ambition , sans fadeur ,
Vous vantez la Blonde , la Brune ,
Et vous prisez moins la fortune
Que les principes de l'honneur.
L'amitié vous trouve fidele ,
L'amour peut penser autrement ;
Mais le temps , de sa faulx cruelle
Se fait un jeu de rogner l'aîle
Qui fait envoler l'inconstant.
Quoiqu'on soit ce que l'on doit être ,
La terre abonde en préjugés ,
Et souvent nous sommes jugés
Par des gens qui , sans nous connoître ,
Sur la forme réglent le fond ,
Et nous peignent comme ils nous font :
Moi , je vous connois , je vous aime ,
Et tous ceux qui vous connoîtront ,
S'ils sont justes , s'honoreront
Du plaisir de penser de même.
Oui , vous aimez avec transport
Devoirs , amis , parens , maîtresse ,
Et pour soulager leur tristesse
Vous faites le plus grand effort.
J'en ai fait moi-même l'épreuve

Au milieu des bras de la mort :
Vous auriez confolé ma veuve ,
Si l'hymen eut fixé mon fort.
Le défunt feul auroit eu tort ;
Je vis encor votre tendreffe
Montrer fenfiblement fon prix ,
Quand dans la fleur de leur jeuneffe
Nous vîmes périr deux amis
Que nous regretterons fans ceffe ,
Et qui firent pleurer Thémis.
De l'autorité paternelle
Vous refpectez les droits facrés :
De bonne foi vous défirez
Perpétuer votre tutelle ,
Et tous les enfans pénétrés
Du vœu de la Loi naturelle
Doivent vous choifir pour modèle ;
Pour couvrir les dénaturés
D'une ignominie éternelle.
Vous pourriez être bon mari ,
Toujours le même cœur opere ,
Un bon fils devient un bon pere ,
Vous le feriez fans doute auffi ;
Mais la liberté fait vous plaire.
Vous renoncez à ce parti ,
Et peut-être êtes-vous plus fage ;
L'on rifque trop lorfqu'on s'engage.
Pour les garçons , pour les époux ,

Il eſt des plaiſirs de tout âge ;
La mort moiſſonne autour de nous ,
Serrons les rangs avec courage ,
Et préparons-nous à ſes coups.
Le monde n'eſt qu'un point d'optique
Agréable par ſes reflets ;
C'eſt une lanterne magique ,
Où l'on voit paſſer les objets ,
Son mouvement périodique
Donne à l'eſprit philoſophique
Moins de plaiſirs que de regrets.
Le temps, de ſa main redoutable
Détraque déja les reſſorts ,
Qui donnoient de l'ame à nos corps ,
Et qui dans l'âge déſirable
Secondent les moindres efforts
Que l'on fait pour ſe rendre aimable.
Affranchis de brûlans tranſports
Par la lecture , par la table ,
Nous remplacerons ces tréſors ,
Et nous n'aurons point de remords.
Que l'amour gronde, qu'il éclate ,
Il n'eſt plus pour nous de ſaiſon ;
A l'exemple de Mithridate
Armons-nous de contrepoiſon.
Il eſt vrai que , ſous ſa férule ,
On peut paſſer des jours heureux ;
Mais dès qu'il nous ôte ſes feux ,

ENVOI.

Il faut l'immoler fans fcrupule ;
C'eſt un ſpectacle ridicule
Qu'un ſexagénaire amoureux :
Mais ſi l'amitié nous raſſemble,
Nous aurons encor des plaiſirs,
Et le dernier de nos déſirs
Doit être de vieillir enſemble.

F I N.